CRISÁLIDA
© Cristina Valladares
Diseño de portada: Dpto. de Diseño Gráfico Exlibric

Iª edición

© ExLibric, 2026.

Editado por: ExLibric
c/ Cueva de Viera, 2, Local 3
Centro Negocios CADI
29200 Antequera (Málaga)
Teléfono: 952 70 60 04
Fax: 952 84 55 03
Correo electrónico: exlibric@exlibric.com
Internet: www.exlibric.com

ISBN: 979-13-88079-77-1
Depósito Legal: MA 195-2026

Impresión: PODiPrint
Impreso en Andalucía – España

Nota de la editorial: ExLibric pertenece a Innovación y Cualificación S. L.

CRISTINA VALLADARES

CRISÁLIDA

ExLibric

ANTEQUERA 2026

A ti, madre, por regalarme la vida,
por enseñarme mis primeros pasos
y por ayudarme a salir de mi crisálida
y enseñarme a volar.

Índice

Prólogo

Sonaba Fix you de Coldplay mientras buscaba las palabras con las que describir todo lo que hay en...

Este libro no nació para dar respuestas, sino para acompañar(te). Entre estas páginas habitan emociones que no siempre saben explicarse: días de amor que nos sostienen, otros de desamor que nos enseñan, momentos en los que la mente pesa más de lo que debería y otros en los que mirarse con un poco más de cariño es un triunfo.

No todo lo que se escribe aquí está resuelto. No todo termina bien, pero tampoco mal. Porque la salud mental, el amor propio y el aprender a quererse no son metas, sino caminos que se recorren, a veces con luz, a veces con sombra.

Este poemario es un espacio seguro para sentir sin prisa, para reconocerse ante la fragilidad. Para entender que romperse no significa perderse, y que reconstruirse no siempre es visible.

Y si algo queda al cerrar estas páginas, que sea la certeza de que no estás solo en lo que sientes. Que amar, dudar, caer y volver a intentarlo forma parte de estar vivo y eso es lo bonito. Y que incluso cuánto cuesta seguir aquí también es una forma de valentía.

Clara Baza Pérez

HERMANA DE LA LUNA

En memoria de mi madre

Cada noche, cuando miro al cielo,
veo estrellas, muchas estrellas.

Brillantes, de varios tamaños y formas.

Crean diferentes constelaciones,
todas ellas, con una historia que contar.

Cada noche, cuando miro al cielo,
veo estrellas, muchas estrellas.

Pero solo una me sigue allá donde voy.
Solo una es fiel.

Yo la observo con atención y le pregunto:
«Mamá, ¿eres tú?».
Y ella brilla cada vez con más intensidad.

Es entonces cuando, entre lágrimas,
respondo a mi propia pregunta:
«Lo sabía, eres tú, la hermana de la luna».

FRÁGIL COMO UNA ROSA, FUERTE COMO SUS ESPINAS

Era frágil como una rosa,
pero, al mismo tiempo, fuerte como sus espinas.
Y ella lo sabía.

Sabía bien cómo limpiarse las heridas
y amaba cada una de sus cicatrices.
Al fin y al cabo, no dejaban de ser marcas
de todas las batallas que había ganado.
Y estaba orgullosa.

Los cuervos aún volaban sobre su cabeza,
pero ahora, inevitablemente,
se había enamorado de ellos.

Ya no se sentía presa de sus alas,
se sentía en completa libertad.

Después de todo…
ni la rosa era tan débil,
ni los cuervos tan despiadados.

MIEDO

Cinco letras, una emoción.
Así de sencillo.

¿Alguna vez te has preguntado qué es el miedo?
¿Alguna vez te has preguntado qué es eso
que tanto te asusta?

Seguramente, el típico monstruo
que vivía debajo de nuestra cama
y que nuestros padres tenían el deber
de espantar por las noches.

Quizás, aquel horrible payaso
del que no logramos olvidarnos
en la fiesta de nuestro séptimo cumpleaños.

O tal vez, esa extraña película
que nos tenía sin dormir durante toda la noche.

Pero con el tiempo,
nuestros miedos fueron cambiando.

Ya no nos asustaban los monstruos,
ellos se hicieron nuestros amigos.
Pero, de repente, nos asustaba el fracaso,

Ya no nos asustaban los payasos,
teniendo en cuenta que ahora nosotros mismos
nos vemos convertidos en ellos.
Pero, de repente, nos asustaba la soledad.

Ya no nos asustaban las películas de terror,
y comprendimos por fin la magia del cine.
Pero, de repente, nos asustaba perder
a quien más amamos.

Así que, después de todo,
¿qué es realmente el miedo?

QUERIENDO OLVID(ARTE)

Solía caminar tranquila por las calles de Madrid,
con mis manos en los bolsillos y la mirada perdida.
¿Quién sabe hacia dónde iba?

Era invisible para el mundo,
al igual que el mundo, a veces,
también lo era para mí.

Respiraba el aire puro y me impregnaba cada día
de aquellos aromas que desprendían
las pinturas del Prado.

Me llenaba de felicidad contemplarlas
tan detalladamente.

Tu imagen solía venirme a la mente
siempre que admiraba Las meninas.

Qué bien sabía Velázquez
que lo que un día tuvimos
no fue por amor al arte,
sino un arte llamado amor.

Y era inevitable sonreír tristemente por fuera,
mientras por dentro notaba un caos arrasador.

Aún podía oler el aroma de los cigarrillos
que fumabas cada día a las dos de la mañana.

Siempre había asqueado ese olor
pero, al mismo tiempo,
ahora, lo echaba de menos.

Qué injusta es a veces la vida:
tú, sonriendo sin querer recordar mi nombre,
y yo, viéndote en cada rincón de Madrid,
queriendo olvid(arte).

A TI, MADRE

Cuántas veces he sentido que tú eres, madre mía,
el cariño más sincero que en la vida yo he tenido.

Cuántas otras veces tuve necesidad
de volver a revivir esos años,
dulces años de la niñez.

En ti tuve la primera sensación de vida humana.
Ya antes de nacer, por mí, perdiste tu figura soberana.

Tú no sabías todavía cómo era ese nuevo amor.
Tú no sabías que sería dulce por poco tiempo,
y el resto, lleno de sinsabor.

Pero tantos sinsabores,
tantas lágrimas vertidas,
tú las das por bienvenidas
si el fruto de tus amores es feliz toda su vida.

Porque yo, un ser tan chiquitín,
era la meta de tu entorno.
Tu vida ya no tenía otro fin que el sacrificio
y la entrega renunciando a todo por mí.

El cariño y la ternura que dabas sin compartir,
a veces, me hacían reír
y desear con premura de aquella casa salir.

Porque yo quería ser libre
y vivir mil aventuras.
Pero siempre con cordura y sin rencores posibles
frenabas tú mis locuras.

Hoy, que estoy puesto en la vida
gracias a todo tu amor,
te pido perdón, madre mía,
por no haberte querido tanto,
tanto como tú te merecías.

JUEGO DE (NO) NIÑOS

Me he cansado de jugar a las sonrisas,
de fingir que no pasa nada
y que todo está bien.

Me he cansado de leerme una y otra vez
un manual de instrucciones sobre la vida
que no acabo de entender.
Y me he cansado de hacer trampas en todo
para poder ganar un premio que no existe.

Y es que nadie me lo dijo.
Nadie me advirtió de que este juego de (no) niños
enganchaba más que la puta heroína.

Y que una vez que entras,
ya no se puede salir sin resultar herido,
y sin herir a los demás.

Simplemente, me he cansado de jugar a ser mayor,
sin haber valorado los buenos momentos
de cuando era niña y mis únicas preocupaciones
eran las Barbies o los capítulos repetidos de Bob Esponja
a la hora de la merienda.

Pero si algo tengo muy claro,
es que el tiempo seguirá marcando su tictac
a medida que el cuerpo y la mente
lentamente
van desvaneciéndose
hasta acabar pereciendo.

Claro que no sería fácil.
Y así lo ponía en el manual de instrucciones
que todavía sigo sin entender.

Pero, al fin y al cabo,
la vida es una tragicomedia constante,
donde los únicos protagonistas
somos nosotros mismos.

Y de nosotros depende que la vida sea un éxito,
o una obra enterrada por el olvido.

TROZOS DE MÍ

No sabía lo rota que podía llegar a estar por dentro
hasta que me corté el alma
con uno de mis propios pedazos
y me di cuenta de lo afilados que estaban.

Veo mi «yo» hecho añicos en el suelo,
consecuencia de los tantos golpes que recibió,
día sí, día también.

Y sí, intenté repararme,
pero los trozos de mi ser son ya tan minúsculos
que resulta imposible.
No quiero rendirme y dejar de intentarlo,
pero tampoco quiero seguir.

Tengo miedo.
Miedo de estar cerca de las personas,
y miedo de alejarme de ellas,
o a que ellas se alejen de mí.

Tengo miedo de quedarme sola
junto a la poca cordura que me queda,
sabiendo que con el tiempo se desvanecerá,
dando lugar a una catástrofe en mi interior.

Tengo miedo de vivir,
pero me falta valor para morir.

Escucho al eco pronunciar mi nombre
en las profundidades del agujero
que se abrió en mi pecho.

El corazón dejó de latir
y mi «yo» terminó de romperse.

Ya no quedan trozos de mí.

LIBÉLULA

Yo soñaba con ser libre,
con volar y vivir mil aventuras.

Tú solías decírmelo.
Solías ponerte detrás de mí,
acariciarme el pelo
y susurrarme al oído que volara alto.

Y yo sonreía como una ilusa,
sin darme cuenta de que,
en realidad,
solo querías cortarme las alas.

LOS CUERVOS DE MI CABEZA

Los cuervos de mi cabeza
no me dejan en paz.
Habitan en mi interior,
y vuelan, vuelan sin cesar.

Picotean mi mente
sin dejarme pensar.
Y no me permiten
la felicidad recordar.

Y yo les pregunto:
«Decidme, queridas aves,
¿por qué no queréis marchar?».
Pero no obtengo respuesta,
y solo puedo callar.

Los cuervos de mi cabeza
no me dejan en paz.
Pero confío en que algún día
su rumbo retomarán.

TE QUIERO EN CINCO SEGUNDOS

Posiblemente me estaba equivocando, o no.
No lo sé.

Pero tenía claro que, si era un error,
entonces querría tropezarme con él cientos de veces.

Solo así me sentía más viva,
más humana.

Creo que nunca antes había dicho
un «te quiero» tan sincero,
como el que salía de mis labios
en los últimos cinco segundos antes de marchar.
Cuando nos despedíamos con desesperación
sin saber cuándo sería la próxima vez
que volveríamos a vernos.

Solo en esos últimos cinco segundos
deseaba con todas mis fuerzas
volver atrás en el tiempo.
Que se reiniciasen las horas para empezar de nuevo
y volver a ese mágico momento
donde me estabas esperando
con ansias en la estación.

Y donde yo estaba ilusionada
y, al mismo tiempo, nerviosa por abrazarte.

Porque en lo más profundo de mi ser
sentía que estaba volviendo a casa una vez más.

Me gustaba imaginar que algún día volvería
para quedarme y entonces convertir
lo que ahora era efímero
en un «felices para siempre» sin perdices
más bonito que el de los cuentos de hadas.

Y me gustaba pensar que no habría más despedidas
desesperadas ni últimos cinco segundos.

No estoy hecha para querer
en un intervalo de tiempo tan corto,
pero sí para querer en todas las vidas
que se pueden llegar a tener.

Y si son contigo, ¿por qué no vivirlas todas?

Nunca más

Y el cuervo dijo: «Nunca más».

Pero lo que yo no sabía era que ese cuervo,
en silencio,
planeaba atacar mi mente
dejándola vulnerable,
sumergiéndola en un caos irreversible
que lentamente destruiría toda mi esencia.

QUERIDO DIARIO

Querido diario:
Hoy la he vuelto a ver,
y estaba igual de guapa
que la última vez que nos vimos,
o incluso más.
Estaba preciosa.

La he vuelto a ver con su bolso favorito,
el de Chanel,
y su pintalabios rojo.
Ese con el que cada día tatuaba mi mejilla
al llegar a casa cansada después del trabajo.
El mismo con el que marcaba la boquilla
del cigarro de las tres del mediodía.

La he vuelto a ver riéndose a carcajadas
con sus amigas junto a la Puerta del Sol,
y aunque la veía de lejos,
podía escuchar esa risa en mi cabeza.

Podía aún oler su perfume,
podía sentir el tacto de su piel y la calidez
de esta acordándome de la primera vez
que hicimos el amor.

Escuchaba cada día ese primer «te quiero»
que me dijo sonrojada bajo la lluvia.
Aún la sentía cerca, aunque estuviera lejos,
aunque ya no formara parte de mi vida.

Y me dolía,
claro que me dolía…

Pero, al mismo tiempo, sabía que ella era feliz,
y que ahora había logrado por fin sentirse viva.
Que había dejado su locura a flor de piel.

Siempre he odiado los finales felices
por el hecho de ser finales.

Pero el nuestro…
El nuestro no había sido un final feliz cualquiera.
Ni siquiera había sido un final,
sino un comienzo.

Porque estaba convencida de que en otra vida
nos volveríamos a encontrar y, posiblemente,
volveríamos a amarnos de la misma manera.
O incluso mejor.

EL ÚLTIMO BESO

Sonreí muerta de dolor
viendo partir aquel tren con destino Ámsterdam.
Tan solo unos segundos antes,
cuando nos despedíamos en aquella vieja estación,
con el alma rota en pedazos,
me había dado cuenta de que todo se había jodido.
Porque no sabía odiarte
y quererte me estaba matando por dentro.

Simplemente me dejabas
con un cálido beso en la frente,
y quién sabe si ese sería el último.
O si, tal vez, tendría la suerte
de volver a rozar tus labios una vez más,
cuando todo se acabara.

Cerrar los ojos e imaginarme
que al día siguiente volvías por fin a casa
se había convertido
en mi pasatiempo favorito de cada día.

Me gustaba imaginar
que me abrazabas muy fuerte al llegar
y pensar que ahora habías vuelto para quedarte.

Y aunque eso nunca sucedía,
adoraba vivir en esa mentira.
Me había enamorado de ella
y era como si nunca te hubieras ido.

...

Y, efectivamente,
su marido nunca regresó de Ámsterdam.
Pero aquella mujer vivió toda su vida
con la esperanza de que sí lo hiciera,
de poder darle al menos un último beso.

HOY TE DIGO QUE TE QUIERO

Por si mañana ya no puedo,
hoy te digo que te quiero.

Que cuando tú estás todo es mejor
y que a tu lado me siento como en casa.
Que todos los días son 14 de febrero.

Que eres mi lugar favorito
y que cuento los minutos cada día
para volver a verte de nuevo.
Y que eso se ha convertido ahora
en mi pasatiempo favorito.

Por si mañana ya no puedo,
hoy te digo que estás precioso cuando sonríes
que vivo jodidamente enamorada de tus manías.

Por si mañana ya no puedo,
hoy te digo que todas las canciones que escucho
llevan tu nombre y apellidos.

Que contigo el miedo no existe
y que todo va a ir bien, aunque a veces salga mal.

Que, como tú me enseñaste,
entre todo ese enredo de malos pensamientos,
el hilo más importante es el que nos conecta.
Incluso estando a kilómetros de distancia.

Por eso, mi niño,
por si mañana ya no puedo,
hoy te digo que te quiero.

GRANDES ALIADAS

Querida amiga:
Sé que me vas a acompañar toda la vida,
o al menos, gran parte de ella.

Tu llegada fue tan inesperada
que no sabía tan siquiera cómo darte la bienvenida.
Y tampoco sabía (y sigo sin saberlo)
si te quedarías unas horas, unos días, unos meses
o, tal vez, hasta que la mente nos separe.

Sé que aún me quedan por delante
un montón de noches sin dormir,
y también un montón de duchas nocturnas
para ahogar las penas con agua ardiendo
y evitar así ahogarlas con aguardiente.

Cuántas veces he creído que ibas a matarme,
y qué ilusa fui al pensar que podría contigo
sin darme cuenta de que, en realidad,
era yo mi mayor enemiga.

Pero ¿te cuento un secreto?
No te temo.
Ni tampoco a los cuervos que trajiste contigo,
porque, de hecho, vivo enamorada de ellos
y apegada a ti.

Y no te miento si te digo
que también vivo con la esperanza
de que algún día te alejes de mí.
Y no es que no te quiera,
es simplemente que me quiero más a mí.

Quiero felicidad,
y no sé si tú vas a poder dármela.
Pero si tu intención es quedarte conmigo,
al menos hagamos un esfuerzo las dos
por ser grandes aliadas.

Solo así podremos soportarnos la una a la otra
sin necesidad de hacernos daño.
Solo así podremos ser felices las dos.

LLUVIOSO DÍA DE OTOÑO

Lluvioso día de otoño.
Qué gran estación escogió Vivaldi
para susurrarme al oído
que lo más bonito de la vida
fue encontrarme contigo.

CON K DE KARMA

La vida misma se encargará de cobrar(te)
con intereses todos los daños y perjuicios.
Mientras tanto, ponte cómodo,
esto no ha hecho más que empezar.

¿QUÉ FUE DE TI?

¿Qué fue de ti, pequeña?
¿Qué fue de aquella niña
que arrancaba sonrisas a su paso,
que se reía por todo lo bueno,
y hasta por lo no tan bueno,
que era feliz?
¿Qué fue de aquella niña
que un día les enseñó a todos
que merece la pena estar locos?

De aquella que tenía una y mil ganas
de devorarse el mundo y, al final, fue el mundo
el que terminó por devorarla a ella.

¿Qué fue de aquella principiante del amor propio
que luchó con capa y espada
que lo dio todo para después acabar teniendo nada?

¿Qué fue de ti?
¿Y de aquellos versos que escribías cada noche
con la tinta de tus dedos?

Quiero volver a encontrarte,
aunque sea en otra vida,
aunque sea una última vez,
y sé que un día lo haré.

Que volvamos a sonreír
y a ver en color igual que solíamos hacerlo antes,
a todas horas.

Salir de la penumbra.

Te echo de menos, y sé que tú también a mí,
pero no será por mucho tiempo.

Sé que volverás, un día volverás.
Me lo prometo.

COMPAÑERA SOLEDAD

Mi soledad es la mayor compañera de mi vida.
Mi soledad es amor por amar cada día.
Y cada día solo amo.

Todo en sueños es mío.
Y, al despertar, sigo amando todo aquello que persigo.

Sigo los senderos de la vida,
buscando un amor leal,
ignorando cada día que esta es mi soledad.

Recuerdos con aroma a chocolate

En su baúl de los recuerdos
encontró aquella foto en blanco y negro,
demacrada y con ese dulce aroma
del paso de los años.

Y sonrió.
Sonrió mientras su corazón se hacía pedazos
pensando en aquella tierna infancia
que ya no volvería.

Añoraba correr con los pies descalzos
por la hierba húmeda,
perdiendo la noción del tiempo.

Podía aún oler ese aroma del chocolate caliente
de todas las mañanas.

Y lo extrañaba.

Extrañaba poder sentirse libre.

Extrañaba a la niña que aún llevaba dentro,
pero que hacía tiempo se había refugiado
bajo los últimos escombros que dejó la guerra.

Ahora solo vivían dentro de ella
la esperanza que jamás había perdido
y sus recuerdos con aroma a chocolate.

LA CHICA DE LOS CORAZONES DE PAPEL

Ella era la chica que bordaba sonrisas rotas
y hacía corazones de papel
por cada vez que le rompían el suyo.

La que pintaba atardeceres mientras vivía de ilusiones.
La que bailaba a solas en su cuarto
con Billie Jean sonando de fondo.

Coleccionista de utopías
y grandes éxitos de Michael Jackson.

Tenía sueños tatuados en cada rincón de su piel,
y estaba enamorada.
Enamorada de los atardeceres
y de la espuma marina acariciando sus cálidos pies.
Enamorada de las lunas llenas y de las vacías.

Ella era la niña de las alas doradas.
La de la sonrisa inquieta,
esa tan difícil de desdibujar.

La más brillante, la más excéntrica.

El primer día de mi vida sin ti

Aquel 30 de septiembre
fue el primer día de mi vida sin ti.

Y hoy, tantos años después,
aún no me acostumbro a la ausencia de tu voz.

Aquella voz que antaño y con tierna desesperación
me despertaba para ir al cole cada mañana.

A mí me costaba abrir los ojos,
porque simplemente quería seguir soñando.
Y aún todos los días sigo haciéndolo.

Sueño no con que vuelvas,
pero sí con abrazarte de nuevo, algún día.

Con admirar, aunque sea una última vez,
esas pecas que adornaban tu rostro
y lo hacían tan simple y fugaz,
tan maravilloso.

Sueño contigo, mamá,
porque tú me enseñaste a creer
tan vivamente en los sueños.

AL FUTURO AMOR DE MI VIDA

Si algún día me encuentras,
quiero que me quieras
con todas mis cicatrices de guerra.

QUIERO QUERERTE

Nunca pensé que encontraría al amor de mi vida.
Nunca pensé que el amor de mi vida me encontraría a mí.

Y me arriesgo a llamarte así
porque contigo tengo amor y tengo vida,
las dos cosas más valiosas del universo.

Nunca pensé que todos mis defectos
pudieran llegar a verse bellos.
Debe ser que tus ojos son especiales
y los míos esenciales,
cuando el foco de mi mirada eres tú.

No supe el significado de la palabra «amor»
hasta que llegaste tú,
poniendo mi vida patas arriba
y cambiando por completo todos mis esquemas.

Amo el caótico desorden
que has provocado en mi interior.

Las noches de risas y piropos a kilómetros,
pero que se sienten tan cerca
que puedo llegar a notar cómo se eriza mi piel.

Amo tu forma de mirarme,
aunque yo insista ese día en que no me veo bien,
y que mis ojeras crónicas fueron obra
del mismísimo Tim Burton.

Amo tu sonrisa a través de la pantalla
cuando lees un mensaje mío en tu móvil,
porque aunque no la vea,
sé que sonríes cuando te escribo.

¿Y sabes?
He pensado mil veces en llamar a mi psiquiatra
y pedirle que retire los antidepresivos de mi dieta,
porque tú haces mucho mejor efecto que las pastillas
y tienes mejor sabor.

Y quiero quererte con tus virtudes y tus defectos,
con tus cicatrices o sin ellas,
aunque a mí me gusta llamarlas marcas de guerra.
Yo también las tengo y eso nos hace más fuertes.

Quiero quererte en tus mejores momentos
y en los peores.
Amarte tanto que se me desgasten los besos
de tanto plasmarlos en tu boca.

Quiero quererte y quiero que me quieras.
Que me devores con la mirada y me contagies tu risa.

Que bailemos bajo la lluvia diciéndonos:
«Hemos llegado hasta aquí, lo logramos».

Quiero quererte y darte las gracias
por desordenarme tan maravillosamente el alma
y amar cada pedacito de esta
como si de ello tratase la vida.

INMUNE AL DOLOR

Usaste tantas veces mi corazón como saco de boxeo
que ya me he vuelto inmune al dolor.

Las heridas sangran (a veces borbotones),
pero ya no significan nada.

No río ni tampoco lloro.

Aprendí a conformarme con las migajas de amor
que me diste minutos antes de tatuar en mi piel
el último moratón.

A base de hostias emocionales,
me arrancaste la venda de los ojos
y pude ver con claridad
que lo que tú llamabas «amor»
no eran más que muestras de cariño baratas
que me susurrabas al oído para encandilarme
y, más tarde, desecharme.

Así que no, no tendría una segunda cita.

Porque cierto es que los polos opuestos se atraen.
Pero en nuestro caso, cariño, chocaron tan brutalmente
que las bombas de Hiroshima y Nagasaki
se quedaron muy cortas a nuestro lado.

Te quiero, pero yo me quiero mucho más.

Es porque eso (con todo el respeto) que no,
no tendría una segunda cita.

LA EXCEPCIÓN

Hay excepciones en todas las reglas,
y tú fuiste la excepción que rompió las mías.

CUERPOS PARA AM(ARTE)

¿Por qué las personas se comen tanto la cabeza
por culpa de los cánones de belleza?

¿Por qué es obligatorio mantener el 90-60-90?
¿Es esa la esencia de la felicidad? Porque yo no lo creo.

Pero ahora parece que todo se trata de vivir
como un esqueleto andante vestido de piel
o de disfrutar de los mejores manjares
para luego acabar olvidando sus sabores por el váter.

No culpo a esos esqueletos
ni a los que se olvidan de las delicias.

La gordofobia es la mayor de las pandemias jamás sufridas.
Sin vacuna alguna.
Sin protocolos.
Sin castigo para los culpables.

He visto personas tan infelices por sus kilos de más,
y tan ausentes frente a su amor propio de menos.

Pero creo que todos los cuerpos son preciosos.
Perfectos para el arte.
Perfectos para am(arte).

HERIDAS Y CICATRICES

Hoy es 19 de junio.
Sí, otra vez.
Ya pasaron tres años desde que te fuiste
y aún no consigo superar del todo tu partida.
La he aceptado,
he aceptado que no volverás.
Pero cada 19 se me forma un nudo en la garganta
al saber que no estás.
Que te fuiste y que no sabía que sería para siempre.
Hasta que me di de bruces con la realidad,
y esta me lo dejó todo claro.

Con maratones en el alma
y heridas en proceso de cicatrización,
contemplaba día tras día
cómo una pequeña flor acabó marchitándose
para dar lugar al nacimiento de la rosa,
que ahora clava sus raíces en mi ser.

Sus espinas a veces me hacen daño.
A veces me hacen sangrar de nuevo,
reabriendo las heridas que me dejaste al irte.

Pero hoy, que es el tercer 19 sin ti,
quiero decirte que esa rosa está aún floreciendo
más hermosa que nunca.
Más viva.
Más dispuesta.

Isidora y el espejo

Isidora ya es mayor.
Arrastra muchos años
de sabiduría, por supuesto.

Siempre camina despacito y con bastón,
pasito a pasito,
pues nunca tiene prisa,
ni la necesita.

Sus oídos están desgastados
y a veces es necesario alzar la voz un poquito
para que pueda entender lo que le dices.
Tiene una mirada dulce y una voz suavecita.
Aunque su personalidad,
bastante misteriosa por cierto,
es lo que más me asombra de ella.

Es probable que se deba
a su deteriorada capacidad cognitiva.
De hecho, estoy convencida de que es así.

Ha cargado mucho a su espalda.

Siempre que se lava las manos
la escucho hablar con alguien.
Me quedo un rato observándola, de lejos,
y me doy cuenta de que Isidora habla con su reflejo.

Me acerco a ella y juntas nos miramos en el espejo,
mientras le pregunto con quién habla.

Isidora me señala el espejo.
Y yo solo sonrío, porque comprendo
que debajo de esa ancianita de pelo cano
se esconde una persona
con la ternura propia de su edad.

Isidora simplemente es feliz.

ACCIDENTE EMOCIONAL

Al marchar, me dejaste en el pecho
una herida con la forma de tu inicial
que de camino a mi casa no dejaba de sangrar.

Supongo que era así para seguir recordándote.

En ese momento, la herida ardía con tanta intensidad
que no pude dejar de pensar que ese sería mi destino:
morir desangrada en un accidente emocional.

Estoy orgullosa.
Sobreviví y, ahora, la herida hace tiempo
que dejó de sangrar.
Ahora simplemente es cicatriz.

A veces escuece, lo reconozco.
Pero amo esa cicatriz como amé en algún momento
de mi vida a quien me la hizo.

Pude ver que la vida consiste en eso, en ensayo y error,
en heridas que se vuelven cicatrices,
en que sangrar un poco a veces es necesario,
eso nos hace ver que seguimos con vida.

Esa que ahora yo siento (y vivo)
con más plenitud que nunca.

NIÑA 80

Niña con deberes de esperanzas.
Alumna de pub y juergas.
Niña que estudias con sonrisas
la carrera de tu vida a ciegas.

Cambias el pupitre por la barra.
Pasas de letras a cubatas.
Haces de tu amiga el tintero
y escribes besos en rostros que no amas.

Vistes como ves en los anuncios.
Andas importante, de gran dama.

Fumas y aún no sabes
si el humo entra o no en tu garganta.

Niña de máscara salvaje.
Portadora de colores infinitos.
Amiga de egoísmo y brebajes.
Amante de burlas y caprichos.

Aquella niña que vi en el colegio
y dio tanto orgullo su cuerpo
es hoy la esposa de aquel hombre
al que todos muestran desprecio.

Ya no viste como ve en los anuncios.
Ya no hace sus deberes de esperanzas.
No lleva color en su rostro.
Ni sabe de letras ni cubatas.

Niña, ¿qué has hecho de tus sueños, egoísmo y carrera?

¿Ves, criatura, que la felicidad no se encuentra
si no vas por su acera?

HOGAR

A veces es mejor dejar que las cosas simplemente sucedan.
Sin pensar, sin planear, sin esperar.

Cada quien tiene su propio rumbo en la vida.
Y hay veces que en ella se te cruzan personas
que siguen ese mismo rumbo (contigo o sin ti).
Y otras que se te cruzan solo
para acompañarte de la mano un ratito
y enseñarte una lección que guardarás para siempre
en una caja de música.

Hacen falta muchas turbulencias
para encontrar nuestro sitio en el mundo.
No siempre acertamos a la primera.
Ni a la segunda.
Ni a la tercera.

Me enseñaron una vez
que el pasado está hecho de recuerdos,
que el presente se compone de instantes
y que el futuro nace de los sueños.

Y a veces solo necesitamos un segundo, dos, tres,
para soñar y darnos cuenta
de que ahí está nuestro «hogar»,
ahí donde ya no queden más estrellas que contar.

JAQUE MATE AL CORAZÓN

Viví miles de aventuras.
Unas contigo y otras gracias a ti.

Me enseñaste el lado bueno (y el no tan bueno) de la vida.
La diferencia entre existir y vivir.

Me hiciste reír mientras lloraba
y me hiciste llorar mientras reía.
Y debo darte las gracias.

Porque contigo aprendí lo que es el amor
y sin ti, lo que es el amor propio.

Porque me inspirabas y me inspiras todavía.

Me trataste como una reina,
pese a que, en el fondo, solo fui un simple peón
en tu tablero de ajedrez.

Fuiste mi mejor error y, por tanto, en mi tablero
sigues siendo el rey.

Pero, amor, la partida ya se terminó
con un intenso y doloroso jaque mate,
tatuado a fuego en el corazón que me enseñó
que a veces perder también es ganar.

Y en esta vida quedamos en tablas
donde los dos (nos) perdimos, pero ganamos
los recuerdos que guardamos en la maleta,
cada uno a kilómetros del otro.

Tensamos tanto nuestro hilo rojo
que terminó por romperse.
Aún noto la cicatriz que la presión de este
dejó en mi dedo meñique.

Por tanto, lo bueno que tienen los errores
es que, una vez cometidos, se puede aprender de ellos.

Y yo hoy aprendí de ti.
Ese jaque mate al corazón fue lo mejor
que pudo pasarme.

CAUTIVERIO

Quiero volver a ser esa niña
(ahora en su mejor versión)
que brillaba como las rosas
y que, al mismo tiempo, era tan fuerte
como las espinas que una vez le rasgaron el alma.

(Des)conexión

La gente antes se enamoraba con flores,
chocolates, atardeceres y los más sencillos detalles.

No existían las manecillas del reloj
cuando el tiempo era de la mejor calidad.
No había prisas ni posibilidad alguna
de llegar tarde a los sitios.
Todo eso daba igual.

Ahora el amor se basa en flotar en una nube (virtual),
en códigos binarios y en 150 caracteres.
¿Para qué quieres más?

Que si no tienes ninguna red social no existes.
Que un «punto y opino» vale más
que cien suspiros en la nuca.

Temblamos más con una mala cobertura
que con una caricia al alrededor de nuestro mapa corporal.

Ahora ya no hay flores, ni chocolates.
Los atardeceres solo se ven en las películas,
o en su defecto, a través de la cámara del móvil.

Porque se ha vuelto una imprescindible necesidad
inmortalizar el momento
en lugar de simplemente disfrutarlo.

Ya nada ni nadie nos hace (des)conectar.

MI PRIMER AMOR

Una noche me preguntaron quién fue mi primer amor,
y la verdad es que sabía perfectamente la respuesta.
Pero supongo que me frenaba el miedo a equivocarme
o a que piensen que estoy loca.
Y sí, claro que lo estoy, pero por ti.

Creo ciegamente que el primer amor
no es la primera persona a la que quieres.
Es la primera que te hace querer.
No mucho, sino bien.
Querer de verdad.

Para mí es la primera persona
que te hace sentir que vales.
Y, en mi caso, la primera que te salva,
en todos los sentidos
en que se puede salvar a una persona.
Igual que Jack a Rose.
Igual que tú a mí, supongo.

Reír con alguien a carcajada limpia
hasta que acabe doliendo la barriga,
y olvidar por un momento nuestro talón de Aquiles.

Empezar el día con un café
y un simple «buenos días, cosita guapa»
que llena no 24, sino 30 horas.
Y acabarlo con un «buenas noches, te quiero»,
cuya frase se acaba convirtiendo
en el mejor remedio contra el insomnio.

Hacer el amor y amar hacer todo
siempre con la misma persona.
Y darse cuenta al final de que no somos ni tú
ni tampoco yo,
sino nosotros contra el mundo.

En fin, qué ironía la vida, ¿verdad?
Vienes tú a preguntarme quién fue mi primer amor,
cuando sabes perfectamente
que si no eres el amor de mi vida,
entonces es que estamos en la vida equivocada.

VOLVEREMOS A ENCONTRARNOS

Algún día volveremos a encontrarnos
y te miraré con una sonrisa.
Y, entonces, pensaré en lo afortunada que fui
por haber compartido un trocito de mi vida contigo.

OFELIA

Hace tiempo, en un lugar del mundo
de cuyo nombre no tengo la más remota idea,
existieron dos amantes:
él, un joven panadero de clase muy humilde;
ella, una linda muchacha de familia adinerada
y con el mundo entero a sus pies.

Quedaron entonces prendados el uno del otro:
él, del mar de sus ojos;
ella, de su sonrisa perlada.

Todo este amor gritaba en silencio,
pero tan alto, que a veces se ahogaba
en la desesperación de estos amantes
por estar siempre juntos.

¿Lo malo?
En los cuentos siempre hubo villanos.
En el amor siempre hubo envidiosos.
En la vida siempre hubo prejuicios.

La distancia se vio obligada a meterse
en medio de esta historia de amor
que estos amantes poco a poco habían creado.
O, más bien, quizá fueron estos villanos envidiosos
y con prejuicios los que con calzador

terminaron poniendo distancia de por medio,
sin opción a elegir.

Pasaron los años.
El joven panadero, ahora anciano, era feliz,
pero en su desgastado corazón (a pesar del tiempo)
aún quedaba la duda de qué fue de aquella muchacha
de ojos azules a la que tan profundamente amó.

Quizás la linda muchacha, ahora anciana también,
se había casado.
Quizás había tenido hijos, nietos…
No lo sé.

Dicen por ahí que el primer amor,
por mucho que pasen los años, jamás se olvida.

Y, efectivamente, siempre se habían recordado.
Siempre habían soñado con volver a su tierna infancia,
donde aún se miraban a los ojos
y ambos se decían «te amo»
sin la necesidad de pronunciar palabra.

Y, entonces, allí, en aquel lugar,
ese en el que se enamoraron,
se reencontraron de nuevo.

Y ambos amantes, como los viejos tiempos,
se fundieron en un beso,
hasta convertirse así en un solo ser,
en una antigua historia de amor del que hasta entonces
no se pudo leer el final.

SENTÍ TU AUSENCIA

Sobre la barra de un bar, en un rincón solitario,
esperaba verte llegar con tu sonrisa en los labios.

Miraba y miraba la puerta.
También miré mi reloj.
Soñaba con tu presencia y temblaba mi corazón.
Sentí tu ausencia.

Aún te sigo esperando a que llegues algún día
a decir de tu osadía el motivo y la razón.

Porque es de mucha cobardía.
Porque es de mala condición
burlarse del sentimiento y jugar con el corazón.

ÚNICA

En memoria a Arancha Barrientos

Estoy segura de que nunca volveré a encontrar
a nadie como ella.
Tan fuerte, tan valiente, tan segura de sí misma.

Nunca volveré a ver su deslumbrante sonrisa
en otro rostro
ni ese brillo de sus ojos café.

La energía que me transmite
jamás estará en otro lugar que no sea su templo.
Ella misma en todos los sentidos.

Porque ella es única.
Y su risa…
Su risa es el bálsamo que sana todas mis heridas.

Esa melodía que tengo en bucle en mi cabeza
y me contagia tanta felicidad
que sonreír se vuelve rutina al escucharla.

Por ella…
Porque es jodidamente espléndida.
Y por esa sonrisa de tonta que se dibuja en mi cara
cuando la suya viene a mi mente.

Y su voz…
Tan pacífica como serena.
Tan impregnada de bondad y de carácter
que consigue espantar de un plumazo
a los cuervos que habitan en mí.

Ella es única. Ella es estrella fugaz.

MIRA DETRÁS DE TI

Te busqué toda la vida sin encontrarte,
y te encontré un día cualquiera sin buscarte.

Así apareciste en mi mundo,
exactamente como predijo Nekane González:
«Tan puntual como lo atemporal de lo inevitable».

«Eres la tormenta que precede la calma», solían decir.

Pero no, tú eres en realidad la calma
que sucede a todas las tormentas de mi mente
y evita que el mar de pensamientos
me engulla a sus entrañas de nuevo.

Eres esa compleja y enigmática mirada
que trato cada día de descifrar,
desde aquel en que me dijiste: «Mira detrás de ti».

Y yo, con las pulsaciones sobrepasando las nubes,
giré la cabeza, sonreí y supe entonces que serías tú
a quien se le adjudicarían los cargos
por el robo a mano armada de mi corazón.

Te parecerá bonito, ¿no?

Yo, queriéndote descorazonada,
porque tú eres el portador de lo más valioso de mi ser.
Y yo, la portadora de aquello que me has entregado
tan voluntaria y delicadamente.

Camino con las manos temblorosas por miedo
a que un día me digas que no soy lo suficiente
para cuidar de tu corazón,
para cuidar de ti.

Y entonces…
Entonces esta vez seré yo la que diga: «Mira detrás de ti».

Y ahí estaré,
esperando a que me elijas de nuevo.

PERSONAS QUE SON HOGARES

Cuando era pequeña,
soñaba con ser una princesa Disney
y tener algún día a mi príncipe azul.

Hoy no creo en cuentos de hadas
y me he dado cuenta de que no existen
los príncipes azules, aunque sí las ranas.

Pero qué más le dará a Disney si soy una princesa
o una salvaje guerrera.
Qué más le dará si, en lugar de ser mi príncipe azul,
eres solo el amor de mi vida, y ya está.

Porque, para mí, que estés en mi vida
y me permitas amarte
lo convierte todo en un gran cuento.
Quizá no de hadas, pero sí en mi cuento favorito.

Ese que leería una y otra vez todas las noches
hasta quedarme dormida.

No quiero cuentos de Disney
y no quiero ser princesa cuando puedo ser tu reina.

No quiero finales felices ni perdices,
porque si es contigo, me importa una mierda
vivir en un palacio real o en una caseta vulgar.

Tú eres mi único hogar.

DE LA RAZÓN AL CORAZÓN

Empiezas el cuento con un «¡hola, cuánto tiempo!»,
en lugar del ya desgastado «érase una vez».

Retomas el contacto.
Te prometes a ti que estarás más para él.
Y lo cumples. Enhorabuena.

Semana tras semana.
Día tras día.
Un «te hablo al salir de clase»
y, como respuesta a ello, «que te sea leve».

Una salida inocente entre amigos
que acaba en risas y borracheras una noche.
Y ya nos hemos liado.

Lucha interna entre mente y sentimiento.
Entre lo que conviene y lo que es correcto.
De la razón al corazón, caminando en círculos,
intentando no salirnos de la línea.

Con lo fácil que era.
La hemos vuelto a liar.

El corazón bombea más deprisa con cada notificación
y la sonrisa se dibuja sola con cada mensaje,
con cada «escribiendo…».

Pero cambia.
Todo cambia.

El corazón grita a pleno pulmón,
mientras la razón trata ligeramente de posicionarse
en primera línea.
Pero ambos sabemos que esta vez
es la razón quien lleva la razón.

Lucha ganada y ganas perdidas en la batalla.

La vida es a veces así de caprichosa.
Y más caprichoso el destino, que sabe que si no es en esta,
en la siguiente vida caprichosa nos encontraremos.

SANTORINI

De niña, soñaba con ser una princesa de cuento.
Ahora, sueño con ser la princesa de nuestro cuento.

Y escribirlo contigo, despacito y con buena letra.

Besos, experiencias, risas, llantos, caídas, peleas,
reconciliaciones, abrazos…

Quiero que tenga miles de capítulos
y ser el título de cada uno de ellos.

Que sea nuestra verdadera Historia interminable.
Sin Atreyu y sin la Emperatriz Infantil,
porque, para emperadores,
tu corazón gobernando el mío.

Sueño con llevar juntos nuestro cuento
a todas las partes del mundo
y recorrerlo en menos de 80 días.

Quiero que suene Santorini de fondo
cada vez que nos besemos allí.
O en cualquier otra parte.

Quiero crear contigo
la historia de amor más bonita del mundo.
Y si falla,
siempre podemos volver a escribirla,
para, finalmente, leerla cuando seamos viejitos
y llevarnos así nuestro último y más preciado recuerdo.
Juntos.

TRAS LAS REJAS

Cinco años.
Cinco desde que te conocí por primera vez.
Cinco desde que te sentí, te temí, te odié,
te insulté, te lloré, te rogué, te amé…

Ya han pasado cinco años desde que me encerraste
tras las rejas, y mi síndrome de Estocolmo crecía
en el interior de mi pecho.
No tan rápido como tú querías.
No tan despacio como yo pensaba el primer día.

A veces, te tolero.
A veces, estoy harta.
A veces, simplemente aprendo.

Pero no de ti,
sino de mí después de llevarte tanto tiempo dentro.

Aprendo de los errores, de las caídas, de las bofetadas,
de las heridas que los cuervos le hacen a mi mente
cuando estoy tan rota, tan vulnerable.

Ahora creo que ya no quiero odiarte.
Me he acostumbrado a ti.
Me he acostumbrado a observar el paisaje tras las rejas.
Y aunque a veces no pueda acariciarlo

por más que estire mi brazo por fuera de la jaula,
sé que es hermoso.

Y yo también.

ENTRE VERSOS

Una tarde de domingo.
Y sería como otra cualquiera,
anodina y monótona,
si no fuera porque aquella vez decidí abrir mi coraza
por primera vez y ante ti.

Esa tan hermética que nunca abro.
Ni siquiera para mí.
Nunca me atreví.

Entre versos me besaste y, sin juzgarme,
cogiste aquello que tenía tan roto (mi corazón)
y lo cosiste con la aguja del tiempo
que a mí ya no me quedaba.

Punto a punto volvió a latir, a brillar y a desear.

Reconstruiste lo que ya daba por perdido,
y solo puedo darte las gracias de la única forma que sé:
amándote.

CUESTIÓN DE VOZ

Era su voz,
la que me embriagaba tanto como el péndulo
que adormece los sentidos.

Sonreía y, a consecuencia de ello,
yo también. Era automático.
Risa contagiosa. Era feliz.

Era su voz aquella que anestesiaba mi dolor
que deshacía mis ojeras, oscuras, profundas.

Era su voz, de la que quería empaparme
en cualquier circunstancia.

Era su voz la que aullaba a la luna llena,
la que bailaba en mis oídos
escapando de sus cuerdas vocales
dilatando mis pupilas
y bombeando sangre a velocidad vertiginosa.

Era su voz.
En mi interior aún suena en bucle
como una canción pegadiza de Leiva.
Cometiendo «sincericidio» sin arrepentimiento.

Era su voz.

QUISIERA SER

Quisiera ser esa persona que pudiera amar
todos los lunares de tu piel y sabérselos de memoria.
Tanto como tú te sabes los combos del mando de la Play.

Y quisiera ser aquella persona
que comparta los todos contigo.

Aquella a la que pasaras amando tantas y tantas horas.
Las mismas que sueles emplear en tu juego favorito
con grandísimo esfuerzo.

Aquella compi de Netflix y manta
bien acurrucados en invierno.

Por eso quiero que sepas un par de cosas:
por desgracia, mi cámara se ha roto;
por suerte, sé que es porque el objetivo
se ha vuelto tan caprichoso,
que ahora únicamente solo quiere enfocarte a ti.

AL FINAL, NOSOTRAS

Quedamos nosotras, aunque la perdimos a ella
a quien nos unió.

Quedamos sin ese brillo que nos iluminó,
de maneras diferentes, claro,
pero con algo en común.

Su risa. Su locura. Sus manías y sus gestos.
Sus rizos en ese peinado desenfadado.

Ella. Su esencia.

Quedamos nosotras en un «ahora»
lleno de incertidumbres, de sorpresas a lágrima viva.
De alegría, espero.

La quise.
Y te quiero.

Es así por mucho que me llamen loca
por sentirte a través de ella.
O, mejor dicho, gracias a ella.

Y, como todo, esto tiene un principio.
Pero, al final, nosotras.

AMOR INSUMERGIBLE

Querer verte cada día me recuerda siempre
a las hélices de la popa del Titanic.
No dejan de girar hasta conseguir su ansiado propósito,
a pesar de tener sus nudos contados.

Me recuerda a esos ancianos
que llevan toda una vida juntos,
amándose a la hora del crepúsculo.

Como esa orgía de sentimientos
que se disparan desde mi desde mi interior
cada vez que admiro las pecas de tu rostro.

Así que, después de todo,
que vengan todos los icebergs que quieran.
Tú y yo sabemos que lo nuestro sí es insumergible.

KINTSUGI

Tus ojos son el mar en el que siempre quiero bañarme.
Ser agua y fundirme con las olas.

Tus ojos son luz.
Y yo…
Yo quiero que me ilumines cada grieta
y que las repares con oro,
que hagas kintsugi conmigo.

Así no solo recuperaré aquello que perdí,
sino que ganaré aún más de lo que siempre anhelé.

ANTES DE TI

Antes de ti, era feliz todo el tiempo.
Ahora contigo, solo a ratos.
Ratos muy pequeños, aunque los valoro.

Antes de ti, vivía.
Ahora, simplemente, sobrevivo.
Y lo agradezco.

Agradezco cada ratito de paz que me das
aunque solo sean un par de minutos al día.
Agradezco tu dureza,
porque, aunque a veces puedas conmigo,
también me haces más fuerte.

Antes de ti, todo era distinto.
Ahora también lo es.

Y extraño el ayer, no lo niego.
Pero te agradezco que me dejes el hoy.
Del mañana ya nos preocuparemos en otro momento.

LA NOCHE ESTRELLADA

Tu ausencia me derrumba.
Tus motivos, desconocidos para mí,
me atormentan cada noche.

Es cuando más me acuerdo de ti,
porque eres noche estrellada.

Tanto que Van Gogh estaría orgulloso.
Igual que lo estoy yo.

«No te rindas nunca, pequeña Cris»,
me dijiste miles de veces.
Nunca lo hice.
Y es gracias a ti.

No sé cuántas noches más me quedarán
para echarte de menos.
Ni sé si algún día dejaré de hacerlo.

Anhelo esos rizos de tu pelo
y esa sonrisa tan característica, tan tuya.
Con esa luz tan cegadora y brillante
que en las noches de invierno
sigue iluminando mi contorno.

LA LOCA DEL MUELLE DE SAN BLAS

Él partió dejándole tan solo un fugaz beso
marcado en la frente.
Ella sonreía con lágrimas en el rostro.
Eran diamantes sobre piel.

Le dijo que no tardaría.
Solo tres días debía esperar,
y después, se convertirían en uno.
Tres días que pasaron a infinito.

Acudía cada día al muelle de San Blas
vestida de blanco,
esperando un sueño que jamás llegaría.

Él no regresaba.
No lo haría.

Largos años pasaron.
Ella tenía ya el pelo cano.
Igual de blanco que su vestido,
que aún llevaba para seguir esperando.

Seguía siendo preciosa, incluso con cada arruga
que había germinado en su piel.

Se convirtió en residente del mar
y lo fue hasta su último suspiro.

Ahora sí.
Ahora, por fin, volvió a abrazarle.

EVA

Era preciosa,
con un pelo castaño alucinante,
una sonrisa envidiable y un cuerpo de escándalo.

Adoraba los tacones de aguja.
Cuanto más altos, mejor.

Le otorgaban ese poder de femme fatale
que tanto la caracterizaba.

Pero había algo oscuro en lo más hondo de todo su ser.
Pesadillas que la atormentaban cada noche.
Y eso que nunca dormía.

Se llamaba Eva,
y las voces de su cabeza trataban de quitarle el nombre,
pero ella jamás lo permitió.

Se llamaba Eva
y jamás se rindió.

Era fuerte,
como esos tacones suyos que clavaba en mi costado.

Creo que ya lo he dicho, se llamaba Eva.
Simplemente, recuérdalo.

No fue tu culpa

No fue tu culpa que estuvieras sola aquella noche.
No fue tu culpa la ropa que llevabas.
Al contrario, ibas preciosa.

No fue tu culpa que te creyeran un trozo de carne,
que te creyeran «fácil».

No fueron tu culpa tampoco aquellas copas de más.
Querías divertirte, y eso hiciste.

No fue tu culpa que te tatuaran la mano en la cara,
ni la sangre de un alma inocente que esa noche
fue derramada en los callejones de Malasaña.

Créeme.
No fue tu culpa.
Fue suya.

Pero tú lo pagaste con lo más preciado que poseías.

AQUELLA PAREJA DEL BUS

Eran ya muy mayores,
pero se amaban como el primer día.

Siempre juntos. De la mano para no perderse.

El tiempo pasa tan deprisa…

Sonrisas y arrugas en su rostro.
Raíces vivas en las manos.

Desconozco sus nombres.
Desconozco todo de ellos.

Pero sé una cosa:
quiero ser como aquella pareja del bus,
cuando yo sea mayor.

BELLADONA

Era alta. Bastante, diría.
Piernas esbeltas y un carácter sobre todo dominante.

Cabeza bien alta.
No la agachaba ni para ponerse los tacones.

Labios rojos. Siempre.
Pasos firmes.
Chanel coronando todas sus prendas
y Carolina Herrera dejando huella tras sus pasos.

Letal.
Mortal.
Brillante.

Ella. Belladona.
De alma sangrante.

DOLOR A CARCAJADAS

Llegó sin avisar,
como una grieta luminosa en mitad del día más torcido.

Y yo...
Yo seguía ahí, sosteniendo el peso del tiempo.
De pronto, tu risa (o quizá la mía, quién sabe)
rompió el aire con la facilidad con la que un niño
revienta un globo.
Y todo lo que dolía se quedó, por un segundo,
suspendido, desconcertado,
sin saber cómo seguir haciéndome daño.

No fue una risa elegante.
Fue una carcajada imperfecta, casi desafinada.
De esas que te doblan un poco el cuerpo
y te aflojan el alma.

Una risa que se abre paso como un rayo diminuto,
más testarudo que brillante.
Y en ese gesto breve y casi torpe el día se reordenó:
las sombras se quedaron sin guion,
el cansancio perdió su postura de gigante
y yo pude volver a respirar sin pedir permiso ni perdón.

A veces eso basta.
Un estallido pequeño, un sonido que se escapa de la boca
como si tuviera prisa por salvarte.
Una risa que no cura, pero te recuerda que sigues viva,
que todavía puedes encontrar fisuras en el desastre.
Una risa que, sin proponérselo, desarma el dolor
y le dice: «Eh, hoy no te toca ganar».

El día que me rompiste el corazón

Hay un momento (justo después del golpe)
en el que el corazón no sabe si romperse del todo
o intentar recomponerse como pueda.

Queda suspendido,
como un puente al que le han quitado un tornillo esencial.
Y tú, en medio, intentando no mirar abajo
porque el vértigo podría tragarte.

El dolor no llega de golpe, se filtra.
Entra por las grietas más pequeñas,
esas que ni recordabas tener.

Se cuela en las mañanas,
en el olor del café,
en la música que antes te daba igual.

Va ocupando tus espacios,
reorganiza los muebles de la casa de tu pecho
sin pedir permiso.
Y tú lo dejas, porque no sabes cómo echarlo.
Porque duele, sí, pero confirma que lo que sentiste fue real.

Hay días en que el corazón late
como si llevara piedras dentro.

Otros, se queda quieto,
como si se negara a participar en el desastre.

El corazón, testarudo como siempre,
empieza a hacer preguntas nuevas:
«¿Y ahora qué?, ¿y ahora quién soy?,
¿y qué hago con todo este espacio que dejó tu ausencia?».

Y en esa incomodidad, en ese vacío
que parece un eco interminable,
se esconde la semilla de algo distinto:
la posibilidad de volver a latir sin miedo.

El dolor no desaparece de un día para otro,
pero se vuelve más manejable, menos tirano.

Y un día, sin que nada en especial ocurra,
descubres que recuerdas el golpe sin que te tiemble el pulso.
Que la herida sigue ahí, sí, pero ya no dicta tu nombre.
Que el corazón, aunque tenga cicatrices, sigue siendo tuyo.

Y late.

Late igual que antes, pero con un aprendizaje nuevo:
saber que puede romperse... y seguir.

AMANTES AL BORDE DE LA LOCURA

Se amaban como si el mundo
fuese un invento de ellos dos.
Un hombre y una mujer con el mismo brillo
inquieto en los ojos,
esa chispa que solo reconocen los que viven
al borde de sus propias tormentas.

Se buscaban no para salvarse,
sino para incendiarse juntos,
para recordarse que la cordura es un traje
que a veces aprieta demasiado.

Compartían sus rarezas como otros comparten llaves:
él le entregaba sus obsesiones más oscuras,
ella le ofrecía sus pensamientos más retorcidos.

Y entre los dos construyen un lugar
donde nada estaba prohibido,
mientras no se rompieran mutuamente.

Se prometían lo imposible sin pestañear:
ser el refugio, el espejo, la grieta
por donde escaparse del mundo.

Eran capaces de mover cualquier frontera
(las reales y las inventadas)
para que el otro respirara un poco mejor.

No necesitaban héroes.
Ellos eran su propia conspiración secreta.

En su amor había una especie de locura frenética.
Esas ganas feroces de cuidarse como si ambos
fueran criaturas peligrosas y frágiles al mismo tiempo.

Se sostenían con la certeza de que no hacía falta
fingir la luz, ni esconder la sombra.

Todo cabía.
Todo era bienvenido.

Y quizá eso era lo que los volvía invencibles.
No la intensidad, ni el fuego, ni el dramatismo,
sino esa lealtad que les nacía del pecho,
ese pacto silencioso de ese hogar el uno del otro
aunque el mundo alrededor perdiera el norte.

Se amaban así, con locura (y hasta la locura),
pero siempre con las manos abiertas,
como quien sabe que lo más salvaje del amor
es querer sin destruir(se).

HENDIDURAS

Fracasar duele, pero enseña.
Aprendes que el orgullo se rompe antes que tú.
Que las manos vacías a veces sostienen más que las llenas
y que el silencio posterior guarda lecciones que nadie grita.

Aprendes que caer no significa haber perdido,
sino que es sentir, revisar, levantarte con la cabeza
bien alta tras cada caída.

Que cada error es un mapa.
Y tú, por fin, has aprendido a leerlo.

A MEDIA VOZ

El silencio cayó entre los dos
como una manta mal doblada:
pesado, torpe, imposible de ignorar.

No era silencio hostil, pero tampoco amable.
Era ese tipo de pausa que aparece
cuando las palabras tienen miedo a equivocarse.

Y, aun así, ahí estaban, mirándose sin mirarse,
queriéndose, sin saber cómo acercarse sin romper algo.

Él jugaba con sus manos. Ella contaba los latidos.
Cada uno esperaba que el otro dijera la primera frase
que arreglara el aire, pero ninguno encontraba
el hilo del que tirar.

El cariño estaba ahí, sí, vibrando por debajo,
como un animal que respira hondo para no escaparse.

Y es que, a veces, el amor no sabe hablar.
A veces, se queda quieto,
esperando que lo entiendan por intuición.
Y en ese espacio incómodo,
donde cada gesto pesa más que una confesión,
ambos comprenden que el silencio también es un puente:
frágil y estrecho, pero puente al fin.

Lo cruzan despacio, sin grandes palabras.
Basta una mirada sincera, un leve roce.
Esa especie de «aquí sigo» que solo se dice sin voz.

Y, entonces, el silencio, por fin, deja de tener filo.
Se vuelve un descanso,
un lugar donde respirar juntos otra vez.

AKUREYRI

Respiraban frío y luz,
como si el mundo allí se hubiese puesto de puntillas.

Sobre esas diminutas casas rojas,
las auroras boreales se abrían en silencio,
moviéndose como diosas distraídas.

Y, en medio de ese cielo indómito,
dos amantes sin fronteras se reconocían:
no por el calor, sino por la forma
en que el alma les temblaba.

Ellos no miraban las luces, las seguían.
Como si cada destello fuera una promesa.
Como si el norte, por una vez, señalara justo al corazón.

Y mientras el cielo cambiaba de color,
entendieron que la verdadera magia no estaba arriba,
sino en la certeza tranquila de que, juntos,
ningún horizonte quedaba tan lejos.

AL LÍMITE DE MÍ

A ti, que te cuelas en mis días sin pedir permiso.
Que sí, que ya sé quién eres.
Que sé cómo me retuerces el pulso,
cómo me llevas del abrazo al abismo en un segundo.
Cómo me haces dudar de mí incluso cuando estoy firme.

Pero también sé que no eres mi dueño.
Tan solo una presencia incómoda, sí.
Una sombra pegada a mi espalda congelada.
Pero sigo siendo yo quien camina, recuérdalo.

Tú gritas, yo respiro.
Tú empujas, yo decido.

No voy a odiarte, pero tampoco voy a obedecerte.
Somos dos en este cuerpo,
y hoy te hablo para que lo entiendas.
Yo sigo aquí, firme, incluso cuando tú haces ruido.

Y voy a seguir. Siempre.
Contigo, pero no por ti.

CONTIGO, SIEMPRE

Eran dos fugitivos sin delitos,
con demasiadas ganas de escaparse juntos.

No robaban bancos, ni carteras.
Robaban minutos, noches,
miradas que el mundo no debía ver.
Caminaban como aquellos Bonnie y Clyde,
con ese pacto silencioso de «si caemos, caemos juntos»,
aunque lo único que pudiera derribarlos
fuera la vida misma.

Él llevaba el miedo escondido en los bolsillos.
Ella, la ironía como arma.

Así avanzaban, espalda con espalda,
inventando rutas imposibles,
sabiendo que nadie más entendería su idioma.

Algo salvaje había en su forma de quererse:
no la violencia, sino esa lealtad feroz
que te hace sentir que cualquier frontera
es cruzable si la mano del otro sigue ahí.

Jamás necesitaron un coche en marcha
ni un disparo al cielo.
Su huida era interna.

Una rebelión mínima y luminosa:
negarse a amar a medias.

Y mientras el mundo intentaba ponerles límites,
ellos se escapaban por dentro,
repitiéndose una sola certeza: «contigo, siempre».

LO QUE NUNCA TE DIJE

Hay un tipo de vacío que nunca hace ruido:
el que deja una conversación que nunca ocurrió.

No hay gritos, no hay despedidas, ni portazos.
Solo un hueco del tamaño exacto de lo que quisiste decir
y se quedó atorado en la garganta.

Un silencio extraño, casi educado,
que se instala en los días como una silla vacía en la mesa.
Sabes que algo falta, o alguien.
Pero desconoces si duele más aquello que nunca dijiste,
o aquello que nunca pudiste escuchar.

A veces imaginas las palabras flotando
en algún lugar paralelo, buscando todavía la boca correcta,
esperando un momento que ya pasó.
Y ahí descubres que el vacío no viene por la ausencia,
sino por la posibilidad perdida.

Porque lo no dicho también pesa, también deja huella.
Y, a veces, pesa más que cualquier verdad mal expresada.

TU REFUGIO SIN TI

Todavía me invaden las miserias que tu ausencia me dejó.
Me preparo para ir a trabajar y me empapo cada día
frente al armario de ese aroma tan tuyo,
tan característico: café y pasas.

Café, por cierto, que ya no tomo por las mañanas,
porque me recuerda a la intensidad con la que me amaste.

Aun así, vivo cada noche en un insomnio constante
que desgarra el alma desde dentro.

Tu sitio en la mesa del comedor está igual que siempre,
tu copa favorita y la servilleta recta,
con la perfecta precisión que a ti te gustaba.

En la televisión, tu película favorita en un bucle infinito:
Los puentes de Madison.
Recuerdo cuando siempre me decías que yo era
tu Francesca Johnson mientras me abrazabas por detrás.

Y en tu mesita de noche, tu pequeña lamparita
y el libro que te regalé en nuestro primer aniversario:
Memorias de África de Isak Dinesen.

Todo en casa sigue igual.
Sigue siendo tu refugio.

Sin embargo, tu silla ahora permanece vacía,
El despertador suena cada mañana a las 8:00
sin que nadie lo apague y nadie se sienta ya
frente al televisor encendido.

Dicen que te fuiste.
Dicen que debo pasar página.
Pero cómo hacerlo si tu libro sigue en la mesita de noche,
guardando las letras que dejaste.

Cómo hacerlo si ya nadie comparte los «todos» conmigo
y el olor a café se ha disipado en la cocina,
aunque no en mi corazón.
Y tu hueco de la cama me pregunta cada noche
cuándo volverás.

Y yo, tumbada de ladito, acurrucada,
observando entre lágrimas ese hueco,
me pregunto lo mismo: cuándo volverás.

RESPIRAR(TE)

A veces tu aroma vuelve sin avisar.
No necesita cuerpo, ni voz, ni puertas que se abran.

Basta un leve rastro en el aire, esa mezcla tuya
que aún recuerdo como si la hubieras dejado a posta
para que no me olvidara.

Es extraño cómo la ausencia puede oler tan real,
cómo un perfume perdido puede despertar
habitaciones enteras,
cómo puede traer consigo lo que ya no vuelve.

Tu aroma aparece, respira un segundo conmigo
y luego se va, dejando el mismo hueco que dejaste tú:
silencioso, persistente, imposible de ignorar.

ENTRE LAS COSTILLAS

Hay secretos pequeños que pesan como el hierro.
No ocupan espacio, no hacen ruido, no exigen nada…
Pero se quedan ahí, metidos entre las costillas,
erosionando por dentro como una gota insistente.

Al principio, parecen inofensivos:
una verdad mínima, casi tonta,
algo que decides guardar «por ahora».

Pero el tiempo es un amplificador cruel.
Lo que era leve se vuelve el filo que aprieta la garganta.
Lo que era detalle se convierte en sombra.

Y tú sigues caminando,
intentando que nadie note la curvatura de tu espalda,
ese leve hundimiento que deja lo que callas.

Porque los secretos pequeños no destruyen de golpe:
corroen, despacito, siempre por el mismo sitio.
Hasta que un día te preguntas cómo algo tan diminuto
pudo pesarte tanto, y entiendes que no era el secreto,
sino el miedo a abrir la boca y dejar que la verdad respire.

CUIDARTE, CUIDARME, CUIDARNOS

Hay un cansancio que no se ve,
el que nace de cuidar y ser cuidado a la vez.

Es un cansancio extraño que no se instala en los músculos,
sino en ese lugar del pecho donde se guardan
las responsabilidades silenciosas.

Cuidar llena el alma.
Y a veces, solo a veces, lo desgasta,
porque exige una presencia constante,
aunque el corazón esté en otra parte.

Y ser cuidado pesa también.
Lleva escondida la culpa suave de no poder con todo,
esa sensación de que ocupas un espacio
que antes sostenías sin esfuerzo.

Y entre ambos lados se forma un equilibrio frágil,
una cuerda floja donde caminas cada día.
Un paso para ofrecer, otro para recibir,
intentando no caer en el exceso ni en la renuncia.

Pero aun en el cansancio más hondo hay un brillo sutil:
ese reconocimiento silencioso de que seguimos aquí,
sujetándonos como podemos.
Imperfectos, agotados,
pero humanos hasta la médula.

Cuidar y ser cuidado a veces cansa, sí.
Pero también revela algo que en ocasiones olvidamos:
nadie atraviesa la vida solo,
y eso es lo maravilloso.

INMINENCIA

El instante antes de un beso es un silencio
cargado de incertidumbre.
Un segundo que se estira
como si el mundo contuviera el aliento.

Las miradas se rozan.
Las bocas se intuyen y todo el cuerpo entiende
antes que la mente
que algo está a punto de ocurrir.

Y no, no es el beso.
Es la promesa.
Es ese vértigo dulce de estar a un milímetro
del roce de tu piel.

De estar envuelta en ese terciopelo que desquicia
tan jodidamente las miradas cómplices.
Esas que petrifican al clavarse en la tuya propia.

Prométeme algo.
Quédate.
Quédate siempre.

FRAGMENTOS

Hay una belleza rara en lo que se rompe.
No en el desastre, sino en ese mínimo instante:
ese en que algo deja de ser completo
y revela todo lo que llevaba dentro.

Cuando una grieta aparece, no solo se abre la materia.
Se abren las historias, los intentos,
las fuerzas que sostuvieron lo imposible
hasta que ya no pudieron más.

Lo roto habla.

Habla de lo usado, de lo querido,
de lo que valió la pena sostener.

Habla de la vida misma,
que nunca ha sido una superficie perfecta.

Y, tal vez, ahí esté la belleza.
En saber que, incluso quebrados,
seguimos teniendo forma,
seguimos teniendo fondo,
seguimos siendo nuestros.

Porque hay cosas que, al romperse,
no mueren: se revelan.

EL COSTADO VACÍO DEL TIEMPO

Me asusta lo rápido que pasa el tiempo.
Me asusta esa velocidad vertiginosa, en general, de la vida.

El verano pasado estábamos riendo a pleno pulmón.
Corríamos sobre la orilla del mar,
a ver quién de los dos llegaba primero
al otro lado de la playa,
barriendo la arena bajo nuestros pies.

También solíamos salir a cenar
bajo un manto inmenso de estrellas:
sushi, italiano, tailandés…
Cada noche un lugar distinto
al que hacer testigo de nuestras locuras.

Hoy, sin embargo, me encuentro sola
entre cuatro paredes vacías,
sosteniendo un par de cajas de cartón que pesan.
Pero no más que el vértigo que invade mis pulmones
al darme cuenta de que hoy, por cojones, empiezo de cero.
De cero y sin ti.

Y tengo miedo.
No a la falta de tu presencia,
sino exceso de la mía.

Punto de apoyo

Pedir ayuda no es rendirse ni de personas débiles.
Es abrir una grieta por donde pueda entrar el aire.

Hace falta más valentía para pronunciar un «no puedo solo»
que para seguir fingiendo fuerza hasta romperse.

La mano que se tiende no hace menos,
te hace humano,
te hace vivo,
te hace capaz de sostenerte de nuevo.

A veces, el coraje no ruge, susurra.

Y empieza exactamente ahí,
en el momento en que decides
no enfrentarte al mundo en silencio.

Vestigios del querer

La nostalgia nunca pregunta si puede pasar.
Entra como una corriente fría por debajo de la puerta,
se instala en el pecho
y empieza a mover recuerdos que creías dormidos.

Llega sin invitación,
sin aviso previo,
sin educación siquiera.

Te toca el hombro y te obliga a mirar aquello
que ya no está, pero que sigue respirando dentro de ti.

Y aunque duela,
aunque a veces arrase,
hay algo en su visita que te recuerda
que lo vivido tuvo peso,
tuvo nombre, y tuvo latido.

La nostalgia siempre vuelve, sí.
Pero también te enseña,
a su torpe manera,
que sigues siendo capaz de sentir.

A DESTIEMPO

Existen recuerdos que no piden permiso.
Regresan cuando ya no les toca regresar.
Cuando la vida ha cambiado de muebles
y tú jurabas haber cerrado la puerta.

Vuelven con la obstinación de lo inconcluso,
con la ternura incómoda de lo que un día fue real.

No traen noticias nuevas,
solo la insistencia de recordarte quién fuiste en ese instante.

Intentas colocarlos en el pasado,
decirles que ya no hay sitio,
que ahora todo es distinto.

Pero algunos recuerdos no buscan quedarse.

Solo vuelven para asegurarse de que aún sabes sentir,
y luego se van, otra vez,
dejando ese silencio leve que no duele…
pero tampoco pasa.

HISTORIAS DE AMOR Y DE NADIE

A veces, solo a veces,
sigo pensando que yo fui la culpable.
La mala de este cuento
que no llegamos a terminar (juntos).

Otras veces, sueño despierta y me imagino
cómo podría haber sido lo que no pudo ser,
aunque me hubiera gustado que fuera contigo.

Pero esto no se trata de culpas.
Menos aún, de buscar culpables.

Se trata de aceptar que hay historias
que no se rompen por error,
sino porque no eran de nadie.

Posiblemente, esta no era nuestra historia.
Por eso, ni tú ni yo pudimos darle siquiera un comienzo.

SALTO AL VACÍO

Empezar de cero es como asomarse a un acantilado
sin saber si abajo hay mar o piedra.

Un vértigo que oprime el pecho
y te recuerda que, aunque duela, estás vivo.

Es mirar al vacío y darte cuenta
de que también es un espacio por llenar.
Un territorio nuevo que tiembla contigo
y que, por primera vez, no te exige nada más
que dar un paso.

El vértigo no es amenaza.
El vértigo es la señal de que esta vez
la historia empieza contigo.

ACOMPAÑA(DOS)

Hay recuerdos que no duelen:
iluminan.

No porque vuelvan,
sino porque fueron compartidos.

En ellos no estás sola.
Hay risas que aún se sostienen en el aire,
miradas que siguen teniendo forma,
y una versión de ti que aprendió a amar acompañada.

La belleza de un recuerdo compartido
no está en lo que se perdió,
sino en saber que, al menos una vez,
la vida ocurrió al mismo tiempo
en dos corazones distintos.

LA MEMORIA DEL CUERPO

El cuerpo recuerda cosas que la cabeza intenta archivar.
Recuerda sin fechas, sin nombres, sin lógica.
Recuerda en forma de tensión en los hombros,
de latidos acelerados ante lo conocido,
y de calma repentina en lugares que no sabes explicar.

El cuerpo guarda lo que fue vivido con intensidad.
Las manos que supieron sostenerlo,
las ausencias que lo dejaron a la intemperie,
las noches en que aprendió a resistir,
aunque nadie lo estuviera mirando.

Porque hay memorias que no se piensan, se activan.
Un olor, una canción, un gesto mínimo
y algo dentro se contrae o se expande
como si el tiempo no hubiera pasado.

El cuerpo recuerda quién lo cuidó
y quién lo hizo encogerse.
Recuerda el amor en forma de calor
y el miedo en forma de alerta constante.

Recuerda incluso aquello que perdonaste,
aunque ya no duela igual.

Por eso, a veces reaccionas sin saber por qué,
tiemblas donde no hay amenaza,
o te relajas donde nadie más entiende.

No, no es exageración:
es historia escrita debajo de la piel.

La memoria del cuerpo no pide explicaciones,
solo existe.

Y cuando aprendes a escucharla,
entiendes que sanar no siempre es olvidar,
sino enseñarle al cuerpo
que el presente también puede ser seguro.

REFLEJOS

Hay días en que el espejo no devuelve una imagen,
sino una pregunta.

Te miras en él y reconoces los rasgos,
pero no la historia completa que los sostiene.

La identidad se desdobla ahí,
en ese vidrio que parece firme,
pero guarda otra profundidad.

Una versión de ti observa desde dentro,
cansada, alerta, aprendida.
La otra finge estabilidad
para poder salir al mundo sin romperse.

Ambas conviven en el mismo gesto,
en la misma respiración.

Se turnan para hablar del día:
una recuerda lo que dolió,
la otra se encarga de seguir.

Y a veces no sabes cuál de las dos es más real:
si la que sonríe por costumbre,
o la que tiembla cuando nadie mira.

Pero es ahí, en ese cruce silencioso,
cuando empiezas a entender algo esencial:
no estás fragmentada,
estás hecha de capas.

El espejo no te divide,
te revela.

SECRETO A VOCES

Hay una vida secreta en todo lo que callamos.

Y no, joder, no desaparece por no nombrarla,
simplemente se organiza en silencio
y aprende a sobrevivir en los márgenes de los días.

Lo callado no es vacío.
Está lleno de frases a medio decir,
de verdades que se quedaron sentadas esperando su turno,
de emociones que aprendieron a esconderse
para no incomodar a nadie.

Guardamos silencios como quien guarda objetos frágiles:
con cuidado, con miedo, con la esperanza
de que no se rompan dentro.

Pero lo callado respira, se mueve,
cambia de forma mientras fingimos que no existe.

A veces sale a la superficie en gestos mínimos:
una respuesta demasiado corta,
una risa que llega tarde,
un cansancio que no se explica solo con sueño.

Otras veces se filtra en los sueños,
en el cuerpo,
en ese nudo que aparece
cuando alguien pregunta más de la cuenta.

Callamos por amor,
por miedo,
por costumbre.

Callamos para proteger,
para sobrevivir,
para no perder lo poco que sentimos estable.

Y en ese acto repetido,
vamos construyendo una habitación invisible
donde se acumula todo lo que no supimos decir.

La vida oculta en secretos lo que callamos;
no pide gritar, solo pide ser reconocida.

Porque cuando una verdad encuentra por fin la salida,
no destruye,
más bien, alivia.

Y, entonces, el silencio deja de ser refugio
y se convierte, por fin,
en espacio para respirar.

CAFÉ INTENSO

Te recuerdo.
Y recuerdo aquel verano que pasamos en Ibiza:
copas, música, tú y yo.
No hacía falta nada más.

Recuerdo tus manos repasando el mapa de mi espalda
y las cosquillas que susurraban las yemas de tus dedos
al hacerlo.

Recuerdo todas tus pecas.
Sé leerlas de memoria.
Y ese pelo anaranjado en un peinado tan desenfadado.

Eras tan tú…

Me encanta verte dormir.
Que rías con una peli de animación en el sofá.

Me encantan tus lunares.
Y tus ojos.
Café intenso.

Y en medio de tantos recuerdos,
me di cuenta de algo simple y brutal:
todavía habitas cada lugar donde fui feliz.

INQUEBRANTABLE

Hay una versión de mí que sobrevive a todo.
No es la que grita, ni la que se quiebra,
ni la que se esconde por miedo.

Es una versión silenciosa, callada,
que recuerda sin reprochar
y sigue caminando, aunque el mundo intente borrarla.

Sobrevive en los gestos mínimos
que aún reconoce como suyos:
en la forma en que respira,
en la manera en que las manos buscan sostén,
en ese parpadeo, cuando algo le conmueve
y ni siquiera lo nota.

Sobrevive en los rincones donde los recuerdos
intentaron desaparecer:
en fotografías dobladas,
en palabras que ya no se pronuncian,
en noches de insomnio que nadie supo acompañar.

Y ahí está, intacta, esperándome.
Recordándome que todo lo que fui
y todo lo que fui capaz de sentir no se pierde,
solo se repliega hasta el momento
en que pueda emerger de nuevo.

Esa versión de mí es resistente, paciente, sabia.
Aprende de cada caída,
de cada despedida,
de cada pérdida.

Se ensancha con el dolor y se fortalece con el amor.

Hay días en que pienso que todo se ha ido,
que nada queda, que nada importa.
Y entonces ella me encuentra en un detalle:
en la manera en la que soy yo misma sin motivo,
en un recuerdo que aún me hace llorar,
en la fuerza para empezar otra vez.

Es mi versión eterna,
la que nadie puede tocar,
la que siempre regresa,
la que, pase lo que pase,
sobrevive a todo.

LO INAUDIBLE DE LA MENTE

Los pensamientos ignorados no se van:
más bien, aprenden a sonar bajito.

Se convierten en una melodía de fondo,
en una música mínima que acompaña los días,
aunque finjas no escucharla.

Están ahí cuando haces otras cosas,
cuando llenas el silencio con ruido útil,
cuando dices «luego» y sigues adelante.

Cada idea no atendida encuentra su nota,
y cada emoción apartada, su ritmo discreto.

A veces la melodía se vuelve insistente,
no para molestarte,
sino para recordarte que algo quiere ser oído.

Porque lo que ignoras no desaparece:
se afina.

Y un día, cuando por fin paras,
descubres que esa música
siempre tuvo tu nombre.

A SOLAS CON LA SOLEDAD

La noche se sienta conmigo
cuando el ruido del día se retira.
No pregunta nada al principio.
Sabe que la soledad necesita tiempo
para aflojar la lengua.

Me habla en voz baja,
con esa familiaridad incómoda
de quien vuelve siempre.

No viene a asustar,
viene a acompañar los restos que dejó el día
sobre la mesa del pecho.

Le cuento lo que no dije,
lo que aparenté sostener,
las fuerzas que fingí tener.

Y la soledad escucha sin interrumpir,
sin ofrecer soluciones baratas.
Solo permanece.

En la oscuridad, todo pesa distinto.
Los recuerdos se agrandan,
los miedos se sientan más cerca,
y las verdades ya no saben esconderse.

La noche no protege, la noche revela.

Hay momentos en que la soledad duele,
se vuelve espejo,
me devuelve preguntas sin respuestas rápidas.

Pero también hay instantes en que se vuelve refugio,
un espacio donde no tengo que ser nada más
que lo que soy cuando nadie mira.

Hablamos largo.
De lo perdido,
de lo que aún espera,
de esa versión mía que sobrevive al cansancio.

Y cuando el sueño empieza a acercarse,
la soledad se levanta despacio.

No se despide.
Nunca lo hace.
Solo me deja un silencio menos hostil,
como quien apaga la luz sabiendo que mañana
volverá a sentarse conmigo.

DECIDO QUEDARME

Hay un momento en que todo cambia,
aunque nada se mueva a simple vista.

Es el segundo exacto en que decides quedarte:
cuando la duda se detiene,
cuando el corazón y la mente se miran y acuerdan,
cuando el mundo sigue girando,
pero tú decides no marcharte.

No es un gesto espectacular, ni un acto de heroísmo.
Es un suspiro largo,
un asentimiento silencioso,
una promesa sin palabras.

Decidir quedarte significa aceptar el ruido y el silencio,
aceptar el miedo y la calma,
las pérdidas que llegaron antes
y las que seguramente vendrán.

Significa plantar los pies en la tierra que habitas,
aunque tiemble bajo ellos,
y permitir que tus raíces crezcan en un lugar
que a veces duele,
pero que, al fin, llamas hogar.

Es un instante que nadie ve,
pero que define todo lo que sigue:
ese segundo donde eliges la permanencia sobre la huida,
donde la valentía se mide en quietud
y la vida se siente más densa, más verdadera,
porque decides estar aquí, ahora.

RESPLANDOR DE UN ADIÓS

Incluso en las despedidas más duras
hay un gesto que no se rompe.
Una forma suave de soltar,
un cuidado silencioso
para no herir más de lo imprescindible.

La ternura aparece ahí,
cuando ya no hay promesas,
cuando quedarse no es posible,
pero marcharse tampoco es un acto frío.

Está en la manera de mirar por última vez,
en lo que no se dice para proteger,
en el adiós que baja la voz para no convertirse en daño.

No toda despedida es abandono.
Algunas son amor aprendiendo a cambiar de forma.
Y aunque duela,
esa ternura mínima que permanece
es la prueba de que lo vivido fue real, y fue bonito.

Medianoche y nadie más

A las cinco de la mañana,
la ciudad se permite ser otra.
No posa.
No se explica.
Respira.

Las calles todavía están tibias de ayer,
los semáforos cambian de color para nadie
y las ventanas guardan secretos que aún no han despertado.

Hay bares cerrados que huelen a promesas rotas
y aceras que conocen mejor el cansancio que la prisa.

Algún taxi pasa como un pensamiento fugaz.
Un barrendero empuja la noche hacia un rincón
mientras el cielo ensaya una azul tímido.

Es la hora en la que la ciudad se muestra sin maquillaje,
cuando no necesita ser vista para existir.

A las cinco de la mañana,
cuando nadie mira,
la ciudad se parece mucho a nosotros:
es callada, un poco rota,
y, aun así, hermosa.

JUSTO DEBAJO DEL PECHO

Hay una sensación extraña
cuando estás a punto de conseguir algo.

No es alegría todavía,
tampoco calma.
Es una mezcla inquieta de esperanza y vértigo
que se instala justo debajo del pecho.

Todo parece igual,
pero tú no.

El aire pesa distinto,
los pasos se vuelven más conscientes,
como si el cuerpo supiera que está caminando
hacia un borde importante.

No has llegado,
pero ya no eres quien empezó.
Algo se ha afinado en ti:
la paciencia,
la fe cansada,
la intuición que insiste en decir «sigue un poco más».

Estar a punto es vivir en una tensión dulce.
Saber que aún falta,
pero que ya casi.

Que el esfuerzo empieza a tener forma.
Que el miedo convive con una certeza tímida
que no se atreve a hablar en voz alta.

En ese instante suspendido
donde todo puede fallar,
o todo puede abrirse.

Y, aun así,
decides quedarte ahí,
respirando hondo.

Porque por primera vez sientes que lo que deseas
no está lejos, solo esperando a que te atrevas
a dar el siguiente paso.

Astronomía del sentir

En este universo las emociones no flotan:
caen suavemente.

Tienen peso, dirección,
y una forma exacta de atraernos hacia lo que duele
o hacia lo que salva.

La tristeza curva el tiempo.
La alegría expande el pecho como una supernova.
El amor genera campos invisibles
que acercan cuerpos, aunque intenten huir.

Aquí no hay vacío real,
solo silencios densos donde lo sentido sigue girando.

Y tú aprendes a moverte despacio,
respetando la gravedad de lo que sientes,
porque incluso lo invisible puede hacerte caer,
o enseñarte a orbitar.

La piel que recuerda

Las cicatrices hablan cuando tú te quedas callada.
No piden permiso ni buscan belleza;
simplemente están tatuadas sobre la piel,
en la memoria,
en esa forma tuya de desconfiar primero
y creer después, con cuidado.

Cada una guarda una escena que no siempre sabes explicar.
Un antes y después.
Un gesto que cambió algo.
Una caída que no se vio desde fuera,
pero que te obligó a aprender a levantarte sola.

Algunas cicatrices no se notan a simple vista.
Viven en la manera en que dices las palabras,
en cómo mides el afecto,
en el cansancio que aparece sin motivo aparente.

Son marcas invisibles pero exactas.
Ellas recuerdan lo que tú intentaste olvidar:
quién te hirió,
quién no supo cuidarte
y quién fuiste tú cuando te tocó resistir.

No para castigarte,
sino para no repetir.

Las cicatrices no cuentan una historia limpia.
Cuentan una historia real
con errores, con miedo, con fuerza improvisada.

Con decisiones tomadas sin manual
y heridas cerradas a tu manera.

Y aunque a veces te pesen,
aunque a veces quieras borrarlas,
son prueba irrefutable de algo importante:
que sobreviviste,
que aprendiste,
que sigues aquí,
con el cuerpo y el alma marcados, sí,
pero todavía tuyos.

CRISTINA

A ti, Cris, que no llegaste intacta.

Llegaste cansada, con cicatrices
que aprendieron a no doler tanto
y una determinación tranquila
que antes no conocías.

No lo lograste de golpe,
sino, más bien, a base de intentarlo
cuando no había aplausos,
de levantarte en días mediocres,
de seguir incluso cuando la fe era pequeña
pero suficiente.

A ti, Cris, que recuerdas a la que dudó,
a la que tuvo miedo,
a la que pensó en rendirse más de una vez.

No la juzgues.
Dale las gracias.

Porque todo eso fue el camino.
Porque nada fue en vano.

Porque, al final, lo que parecía lejano
era solo tiempo y constancia pidiendo paciencia.

A ti, Cris, que no eres perfecta,
pero eres libre.
Y eso (por fin) lo es todo.

ANTES DE IRNOS

Quedaron cosas suspendidas en aquella despedida.
Palabras que no supieron encontrar su forma
y se quedaron temblando detrás de los labios.

No fue cobardía, fue cuidado.

A veces el silencio también intenta proteger.
Lo que no se dijo se quedó en los gestos:
en una mirada que duró un segundo de más,
en la manera lenta de soltar la mano,
en ese paso atrás que dolió más
que cualquier frase pronunciada.

Había verdades demasiado grandes para ese momento,
emociones que habrían roto el equilibrio frágil
de ese adiós que intentaba ser digno.

Y así, lo esencial se escondió
entre lo que parecía suficiente.

Después, lo no dicho siguió viviendo.
Apareció en recuerdos inesperados,
en conversaciones imaginadas,
en la certeza íntima de que algo quedó incompleto.

Pero también ahí hay una forma de amor,
en respetar el límite del instante,
en entender que no todas las despedidas
necesitan explicarse para ser reales.

LUMINISCENCIA

La persiana rota deja pasar la luz
sin orden ni permiso.

No ilumina todo,
solo lo suficiente.

Entra en forma de líneas torcidas,
se posa en el polvo,
en los bordes gastados de la habitación,
en lo que quedó abierto.

No es una luz perfecta.
Es insistente.
Y basta.

Porque a veces no hace falta arreglar nada.
Solo que algo, aunque sea mínimo,
consiga entrar.

EL DESGASTE DEL TIEMPO

El tiempo también se cansa.
Se detiene un segundo, un suspiro, y observa.

Mira las vueltas que ha dado, los pasos que ha medido,
los días que ha dejado caer como arena entre los dedos.

Se pregunta si todo eso que empuja tiene sentido,
si los recuerdos que arrastra valen lo que pesan,
si los momentos que no volverán
fueron lo suficientemente vívidos.

Cuando se cansa, no se detiene del todo:
solo reduce la velocidad, se inclina un poco.
Suspira sobre los relojes, acaricia los calendarios
y deja que la gente siga corriendo,
mientras él contempla las arrugas del mundo
que aún no entiende cómo reparar.

Quizá en ese cansancio haya un descanso,
una tregua invisible para que el mundo respire,
para que la vida recuerde que incluso el tiempo
necesita un instante para ser consciente
de lo que ha sido y de lo que quizá nunca será.

A PECHO ABIERTO

Puse mi vulnerabilidad sobre la mesa,
sin adornos,
sin defensas.

No como una petición,
sino como un acto de honestidad.

Esto soy cuando dejo de fingir fuerza,
cuando no escondo las grietas
ni bajo la voz del miedo.

Y entendí algo simple y enorme:
mostrarse no es romperse,
es confiar en que lo frágil
también merece un espacio.

MUÑEQUITA DE PORCELANA

Anteayer era niña
y mi mayor preocupación
era que mis muñecas estuvieran a la última moda.

Hoy, soy yo la muñeca
con la que durante mucho tiempo
jugaron las malas personas.

Pero aprendí algo tarde,
aunque a tiempo:
que las muñecas rotas también pueden levantarse,
coserse las grietas
y decidir, por fin,
quién vuelve a tocarlas
y quién no.

INTERSTICIO

Dos sombras conversan en la pared
cuando la luz baja la guardia.

No pertenecen al mismo cuerpo,
pero se reconocen en la forma de inclinarse,
en la pausa exacta antes de desaparecer.

Una, carga lo que fue;
la otra, lo que pudo ser.

Se hablan, aunque sin palabras,
con gestos prestados,
con silencios que entienden demasiado.

No buscan unirse,
solo comprobar que, aunque nacieron distintas,
comparten el mismo borde de la noche.

Epílogo

He visto cada uno de estos poemas nacer, crecer y encontrar su propia voz. Igual que he visto crecer a quien los escribió.

Cuatro años me han demostrado que la voz siempre encuentra un camino por el que avanzar y ser escuchada. Este libro refleja ese camino.

Habiendo sido testigo de él, creo y confirmo que no ha sido un camino de rosas, pero tampoco lo ha sido de espinas. Sino que ha llegado a suponer un recorrido de fortaleza, perseverancia y evolución personal.

Esta obra podría ser cualquier obra, pero no lo es. Esta obra supone un espejo de la sociedad actual en la que vivimos. Es compleja, llena de incógnitas, secretos e inseguridades, entre las cuales se halla la importancia de la salud mental, un tema tan injustamente estigmatizado. Tanto como esas personas que sufren por salud mental y que solo necesitan que la sociedad les tienda un poco más la mano.

Este manifiesto escrito, mediante sus páginas, nos invita a la reflexión. Entre otras cosas, a su vez, podemos hallar el retrato de dos polos opuestos clásicos: el amor y el desamor.

No es nuevo para nadie, el hecho de que hoy día gran parte de las relaciones se alimentan de posesión, celos y conductas (auto)destructivas. Por tanto, en estas páginas ambos sentimientos ayudan a reflexionar sobre las personas que a lo largo de tu vida te ha merecido la pena o no conocer. Algo que pienso que puede suponer un gran aliciente para el lector.

Eso sí, dentro de los temas a tratar, no son desde luego los más espinosos. Estos llegan cuando percibes que algunos de los poemas hablan de un tema complejo en la sociedad actual: la autoestima. Ese concepto tan universal como personal. Por ello, creo que será importante que el lector esté dispuesto a leer esta pieza escrita. Para entender que la autoestima no es fija, sino cambiante y proactiva, siendo seguramente el lado más hermético del «yo».

Por último, pero no menos importante, es preciso mencionar el crecimiento personal que se ve reflejado en estos elocuentes y fascinantes poemas, observando cómo la autora crece con cada letra, cada palabra y cada poema. A medida que vamos avanzando en su obra, crecemos con ella, en un aprendizaje único y sonoro, con el cual podemos autopercibirnos, dado que soy de los que opina que en esta vida hay que aprender constantemente, auto-corregirse y saber cambiar con las perspectivas y experiencias que la vida nos brinda.

Para mí, ha supuesto todo un placer, honor y orgullo escribir estas palabras sobre Crisálida, una obra tan sincera como emotiva.

Jairo de la Riva Fontano

Agradecimientos

A mis padres, no solo por regalarme la vida, también por enseñarme el arte de la escritura y de la poesía. En ella he encontrado, junto a ellos, mi refugio, mi hogar.

A las personas, lugares y experiencias que me han servido de inspiración para muchas de estas páginas. Sois arte.

A todo el equipo de ExLibric. Este libro no estaría ahora en tus manos de no ser por la confianza que han depositado en mí y en esta obra.

A ti, que acabas de leer *Crisálida*, simplemente gracias.

Y, por supuesto, a ti, Cris. Gracias por no rendirte, por tu increíble resiliencia y por hacer realidad tus sueños con amor y perseverancia.